HARANGUE

D'UN

ÉLECTEUR DE DOLE

A SES COÉLECTEURS

DE LA CAMPAGNE

PAR G. T.

———— ⋅◆⋅ ————

BESANÇON

IMPRIMERIE DE JULES ROBLOT

rue du Clos, 31.

1868

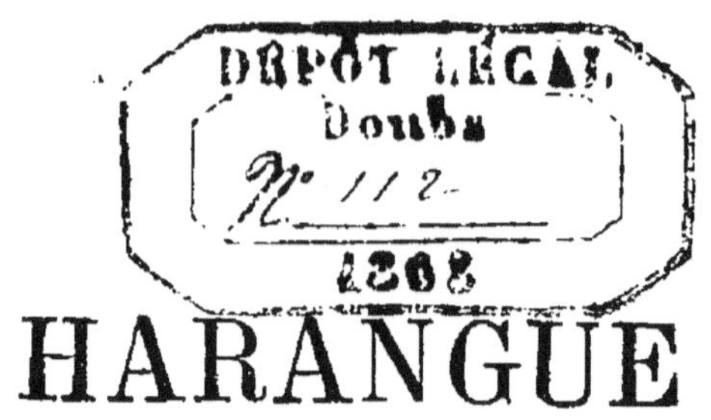

HARANGUE

D'UN

ÉLECTEUR DE DOLE

A SES COÉLECTEURS

DE LA CAMPAGNE

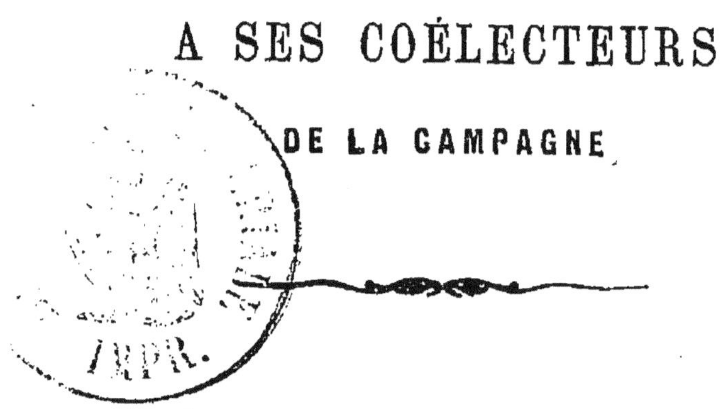

Mes chers coélecteurs,

Je vous appelle ainsi sans y mettre de façon, persuadé que nous serons camarades aussitôt que nous aurons fait connaissance.

En voyant mon chapeau lilas, mon paletot vert-pomme et ma culotte jonquille, vous pourriez me croire un amateur de la nature, s'égarant ici dans le but de flairer le serpolet, d'écouter le pinson et de cueillir des coquelicots.

Ce serait une erreur. J'aime et j'admire la campagne, j'envie ceux qui l'habitent; mais l'attrait de ces jouissances n'est pas ce qui m'y amène aujourd'hui.

Je viens pour vous parler d'affaires, et, — je ne vous le cache pas, — d'affaires où il ne sera question ni d'assolement, ni d'engrais, ni de race bovine ou chevaline, ni d'arboriculture, ni de viticulture, ni de rien qui ait rapport à vos travaux.

Malheureusement, sur tous ces points, je n'aurais que des leçons à recevoir de vous.

Si j'ai soigné ma mise, c'est qu'à l'exemple des employés de la Préfecture vous accueillez mieux les gens quand ils ont l'air cossu, donnant un coup de pied à ce vieux proverbe : « L'habit ne fait pas le moine. »

Non ! l'habit ne fait pas le moine : autrement j'aurais une veste râpée, un pantalon reteint, et mon couvre-chef daterait du premier Empire. — Ceci entre nous.

L'histoire de votre serviteur est toute simple :

J'appartiens à la classe la plus modeste ; je ne suis pas un savant, un beau diseur encore moins. Je ne convoite aucune place, je n'ambitionne aucune fonction ; je n'ai jamais rien été et je ne serai jamais rien.

A votre endroit, cette histoire présente un bon et un mauvais côté. Le mauvais, c'est que ma protection vous servirait médiocrement ; le bon, c'est que vous n'avez à craindre de ma part ni grands mots, ni grandes phrases, et que mes intentions ne vous seront point suspectes.

Mon désintéressement en matière d'honneurs et d'emplois pourra m'attirer quelque comparaison désobligeante avec le renard qui méprise la volaille parce qu'on a barricadé le poulailler. En tout cas, j'ai la sagesse de ne pas gratter à la porte et de rester dans mon trou.

Tout autre jour qu'un dimanche, vous n'auriez guère été d'humeur à m'entendre. Il faut que vous soyez sur vos jambes au premier chant du coq, et quand la journée est à sa fin, une soupe et votre lit vous conviennent mieux qu'un discours. Aussi ai-je pris mes mesures pour ne pas

vous déranger dans la semaine et pour vous surprendre à
à la sortie des vêpres.

Je serai court par le motif que je n'en sais pas long ;
vous m'accorderez une demi-heure, pas même la durée du
prône de ce matin, après quoi il vous sera loisible de me
tirer la révérence.

Maintenant, la séance est ouverte et je demande la parole.

« Pour tout préambule, je vous annonce que nous allons
faire de la politique.

» Oh ! rassurez-vous : ce ne sera pas de la haute politique, de celle qui viserait à reculer nos frontières et à
changer la carte de l'Europe ; mais de la politique terre à
terre et à courte vue. Demeurant chacun chez nous et res-
pectant chacun chez soi, nous ne nous mêlerons que de ce
qui nous regarde.

» Bon nombre d'entre vous s'imaginent qu'ils n'ont rien
à voir dans la politique et se soucient d'elle comme un
aveugle d'une paire de lunettes.

» Nos hommes d'État sont loin de leur en vouloir : on
n'a pas encore vu un régisseur se fâcher de ce que son
maître ne comptât pas avec lui.

» La politique, cependant, tient les cordons de notre
bourse, et, à ce titre seul, elle aurait des droits à notre plus
tendre sollicitude ; mais là ne se bornent pas ses attribu-
tions : elle dispose encore, dans une large mesure, de notre
corps et de notre esprit.

» De notre corps, par la paix ou la guerre, par l'importance du contingent, par le temps que nous passons sous
les drapeaux.

» De notre esprit, par la manière dont est dirigé et ré-
glementé l'enseignement ;

» Par les lois qui emprisonnent la lumière ou la laissent
courir.

» Quant à notre bourse, vous savez que, pour y puiser, la politique déploie tous les suçoirs de la pieuvre :

» Cote foncière, cote mobilière, cote personnelle, portes et fenêtres, patente, prestations; droits de timbre et d'enregistrement; droits de mutation, droits de transcription, droits de succession; droits de circulation pour les personnes, droits de transport pour les choses; droits d'importation, droits de fabrication, droits de consommation; octrois, monopoles des postes et du télégraphe, monopoles de la poudre et du tabac; centimes additionnels départementaux, centimes additionnels communaux; décime, demi-décime et le reste.

» L'impôt est un ogre affligé du ver solitaire, et dont l'appétit, toujours croissant, ne se calme jamais; en revanche, il n'est pas difficile sur la nourriture et mange de tout.

» La politique joue encore un grand rôle dans les affaires, car l'industrie et le commerce prospèrent ou languissent, selon que la ligne de conduite adoptée par elle est droite ou tordue.

» Or, quand l'industrie et le commerce sont malades, tout le monde pâtit. Les travaux s'arrêtent, la vente des produits agricoles se traîne, les payements se font tirer l'oreille, le crédit s'enferme et les écus n'osent plus sortir.

» Vous voyez qu'il n'est pas un de nous, pas un seul, riche ou pauvre, que la politique n'intéresse.

» J'ajoute qu'au triple point de vue de la personne, de l'intelligence et du bien-être, elle touche de plus près encore ceux qui ont peu que ceux qui ont beaucoup, et je le démontre :

» Commençons par le bien-être :

» M. Alphonse, propriétaire de céans, touche par année dix mille francs, et Nicolas, son voisin, en gagne mille.

» Qu'au moyen de ses innombrables chalumeaux le fisc pompe un cinquième de l'avoir de chacun, il reste au premier huit mille francs et huit cents au second.

» Mais avec ses huit mille francs, M. Alphonse peut encore vivre à l'aise, tandis que, réduit à huit cents, Nicolas devra se sangler le ventre pour joindre les deux bouts.

» L'un est atteint dans son superflu et l'autre dans son nécessaire, d'où il résulte que l'impôt, bien que proportionnel, pèse plus lourdement sur celui-ci que sur celui-là.

» Nous passons à l'intelligence.

» Que l'école soit gratuite ou ne le soit pas, M. Alphonse y enverra ses enfants; il les y enverra tous et tout le temps qu'il faudra.

» Nicolas, s'il doit payer, regardera aux mois de classe ; il fera le sacrifice pour un, il le fera encore pour deux ; mais pour trois, mais pour quatre, il n'y suffirait pas, et quand les derniers venus seront en âge d'apprendre, les premiers auront à leur céder la place sur les bancs.

» Encore que le timbre et le cautionnement doublent le prix des feuilles politiques, M. Alphonse reçoit la sienne qui l'instruit sur les hommes et sur les choses.

» Mais l'arbre de la science dépasse la portée de Nicolas. N'ayant rien à lire, il ne lit pas, et ne lisant pas, il ne sent ni le besoin ni l'utilité de la lecture. Son esprit s'étiole faute d'aliments : c'est une plante qui manque de sève.

» Sans le timbre et le cautionnement, nos petits journaux, qui ne peuvent ouvrir la bouche qu'à la condition de ne rien dire, parleraient de tout, et leur bon marché les rendrait accessibles à Nicolas. Les connaissances qu'il y puiserait lui seraient aussi profitables pour ses affaires privées que pour les affaires publiques, et développeraient en lui le sentiment du bien.

» Donc les questions de presse et d'enseignement ont plus d'importance pour Nicolas que pour M. Alphonse.

» Abordons la personne.

» Les aînés de nos deux voisins tirent à la conscription, et le sort leur est contraire.

» Le fils de M. Alphonse se destine à une profession libérale et n'a pas cessé d'être à la charge de ses parents : — on le rachète.

» Le garçon de Nicolas pioche la terre ou bat l'enclume ; devenu le plus fort gagne-pain de la maison, il aide à élever ses frères et sœurs : — On lui met sac an dos et fusil en mains.

» L'un pourrait quitter sa famille sans qu'elle en souffrît : — c'est celui qui reste.

» L'autre ne peut quitter la sienne qu'en y laissant la gêne et l'embarras : — c'est celui qui part.

» Si l'Empire est en paix, le garçon de Nicolas désapprend à travailler dans les casernes, pendant que le fils de M. Alphonse continue ses études.

» Les années que perd le premier à blanchir ses guêtres et à monter la garde où il n'y a rien à garder, le second les emploie à préparer son avenir.

» Et, quand après avoir enfoui, soit dans le désœuvrement soit dans des exercices stériles, la plus belle partie de sa jeunesse, le garçon de Nicolas retourne au pays, n'ayant plus ni la science de son métier, ni l'idée du travail et ne sachant à quel saint se vouer, le fils de M. Alphonse est notaire ou avocat.

» L'Empire est-il en guerre ? Le garçon de Nicolas supporte le chaud et le froid, mange ce qu'il trouve et quand il peut, boit souvent l'eau des mares, couche au bivouac, dort sur le qui-vive, endure toutes les fatigues, toutes les privations, toutes les misères d'une campagne et risque cent fois sa peau.

» Au frais l'été et bien chauffé en hiver, le fils de M. Alphonse dîne avec une exactitude irréprochable, digère à loisir et repose de même.

» Il prend vivement part au choc des armées... sur son journal, en s'applaudissant avec raison qu'un autre soit chargé de se faire éclopper ou démolir à sa place.

» Notre jeune homme a usé de la fortune de son père et du bénéfice de la loi pour se dérober au plus écrasant de tous les impôts, — l'impôt du sang, — et, loin de l'en blâmer, je l'en félicite.

» Mais la justesse de cette thèse n'en est que mieux prouvée, savoir :

» Que l'accroissement du contingent, la prolongation du temps de service et le fléau de la guerre sont moins redoutables pour la classe aisée que pour les masses.

» Et, si les tâtonnements, les dissimulations, les écarts d'une politique alambiquée paralysent les affaires, les premières victimes ne seront pas ceux qui peuvent patienter et attendre, mais ceux qui n'ont pour vivre que leur travail.

» J'entends murmurer à mes côtés qu'un quart d'heure avant sa mort, M. de la Palisse était encore en vie, et que tout ce que je chante là est nouveau comme :

> Ce que je regrette en partant,
> C'est le tendre cœur de ma maîtresse.

» Je vais répondre à l'interruption ; mais souffrez que je termine mon raisonnement, car je ne suis pas habitué à parler en public et je risquerais de m'embrouiller.

» Si, par tous les côtés de la vie, — côté matériel, côté intellectuel, côté moral, — la politique agit plus directement sur les petits que sur les gros, j'en tire cette double conséquence :
» Que les petits, en négligeant les affaires publiques, négligent leurs intérêts.
» Et que la classe à laquelle ces affaires causent le moins d'inquiétude est justement celle qui devrait en avoir le plus de souci. — A bon entendeur, salut !

» Revenant à mes interrupteurs, je ne leur contesterai pas que mes vérités ne soient des vérités d'autrefois ; mais je me permettrai de leur faire observer que les vérités d'autrefois sont bonnes à remettre sous les yeux des gens qui n'en tiennent pas compte.

» Au surplus, vous allez voir qu'on s'est trop pressé de me gouailler, et si je ne rive pas proprement leurs clous aux malins, je vous paie une matelotte de saumons pêchés dans la Cuisance.

» Ecoutez-moi :

» Je suppose les impôts diminués, les journaux à rien, l'instruction gratuite, les places et les transports en chemin de fer moins chers, les communes émancipées et choisissant leurs maires, les octrois abolis, l'Etat entrant pour une plus large part dans les chemins vicinaux , la conscription supprimée, tous les jeunes gens, riches comme pauvres, étant soldats, et tous les soldats, exercés dès l'enfance, restant dans leurs foyers, à moins que le pays ne soit menacé :
— Ces choses-là vous iraient-elles ?
— Oui !

» Vous n'êtes pas difficiles ; elles m'iraient aussi, à moi ; seulement, elles n'allaient pas aux députés de la droite qui les ont obstinément refusées aux députés de la gauche.

» Qu'au lieu de quinze ou vingt de ceux-ci, l'opposition en eût compris cent cinquante, les réformes étaient enlevées, et nous les aurions.

» Mais qui avait nommé les députés de la gauche ? Quelques circonscriptions où, exceptionnellement, il y a plus d'électeurs dans les villes que dans les campagnes.

» Qui avait nommé les députés de la droite ? Toutes les autres circonscriptions où la campagne réunit plus d'électeurs que la ville.

» En d'autres termes, la ville voudrait aller de l'avant, et la campagne se cramponne aux pans de son habit pour la clouer sur place.

» Parce que, vous tenant en dehors de la politique et ne saisissant pas la portée des élections, vous votez avec le bulletin que vous passent les agents de l'autorité, sans trop réfléchir que ce bulletin désigne une créature du pouvoir ; et qu'envoyer cette créature à la Chambre, c'est envoyer au gouvernement des juges dans sa propre cause, des conseillers qui ne verront que par ses yeux et ne voudront que ce qu'il voudra.

» Qu'en un mot c'est faire le gouvernement juge et partie.

» Inutile alors que nous ayons une Assemblée législative. Admettons qu'une tête unique contient plus de cervelle que toutes les têtes de l'Empire à la fois ; que, sur une population de trente-huit millions d'hommes, un de ces hommes réunit à lui seul plus de raison, plus de sagesse, plus de génie que les trente-sept millions neuf cent quatre-vingt-dix-neuf mille neuf cent quatre-vingt-dix-neuf autres ; livrons-nous à cet homme pieds et poings liés, et qu'il règne en France comme le Czar en Russie.

» Remarquez bien que vous disposez souverainement des élections, parce que vous êtes les plus nombreux. Tant que vos voix se porteront sur les candidats patronés, nous aurons beau porter les nôtres sur des hommes indépendants, ce sera comme si nous jetions une grappe de pulsare dans une tonne de gamets pour avoir du vin des Arsures.

» L'Administration le sait. Elle sait aussi combien vous êtes flattés qu'un fonctionnaire daigne vous serrer la main ; qu'il vous demande des nouvelles de votre femme, encore que vous soyez veufs ; qu'il s'informe de vos enfants, bien que vous n'en ayez jamais eu ; — et lorsque s'ouvre la saison électorale, ce n'est pas aux citadins, moins confiants, mais aux campagnards, plus crédules, qu'elle fait sa cour.

» Oui, le paysan, ce courageux et infatigable père nourricier du monde, sans lequel aucune société n'existerait quarante-huit heures ; le paysan qui, à la honte éternelle de l'espèce humaine, fut si longtemps abreuvé d'humiliations et d'outrages, — on le caresse aujourd'hui et on a de bonnes raisons pour le caresser :

» Il est devenu le maître de la situation.

» Le suffrage universel a réalisé la parole de l'Evangile : « Les derniers seront les premiers. » — Les derniers qui n'auraient jamais dû l'être ; les premiers qui devraient l'avoir toujours été.

» Mais des bas-fonds où il croupissait pour atteindre les hauteurs où il domine, que d'étapes meurtrières le peuple a franchies, laissant à chacune d'elles son hécatombe de martyrs?

» Que de phases douloureuses il a traversées pour accomplir sa transformation d'esclave en homme libre !

» Nos pères ont été serfs, manants, vilains, roturiers, plèbe et sujets; le sang dont ils ont fécondé l'avenir nous a faits citoyens.

» L'Etat, ce n'est plus le roi comme au temps de Louis XIV: c'est la nation.

» Et la nation, c'est le fort et le faible, l'ignorant et l'érudit, l'ouvrier et le patron, le nabab et le peigneur de chanvre.

» Dans la balance des destinées du pays, le financier ne pèse pas plus qu'un casseur de pierres, ni le baron qu'un pâtre, ni le maître que son serviteur.

» En citant Louis XIV, j'aurais voulu toucher un mot de ce monarque, surnommé le Grand, qui a ruiné le royaume pour ses maîtresses et cru sanctifier sa vie de débauche en faisant convertir, par des dragons, les protestants à coups de sabre; mais ce n'est pas la question.

» La question est que nous ne sommes plus la propriété d'aucune race, que nous relevons de notre libre arbitre et que nous n'avons qu'à vouloir pour être gouvernés à notre guise, parce que les gouvernants sont les exécuteurs de la loi, que la loi se vote par les députés et que les députés se nomment par nous.

» Sous les régimes précédents, si, tirant à hurhaut au lieu d'aller à dia, le char gouvernemental menaçait de verser, nous n'avions pas le droit de crier gare; il culbutait en nous entraînant dans sa chute.

» Aujourd'hui c'est nous qui traçons sa route au coche et réglons son allure.

» Je considère peu les hommes de 1848, car des membres du gouvernement provisoire, pas un n'a su profiter de l'occasion pour se faire un magot, et tous ont quitté le pouvoir aussi minables qu'ils y étaient entrés.

» Néanmoins, rendons-leur cette justice qu'en proclamant le suffrage universel, ils ont tiré le verrou sur l'ère des catastrophes nationales et mis en pièces le tocsin des révolutions.

» Le suffrage universel est une sauvegarde contre les catalepsies imprévues du commerce, contre l'amoindrissement instantané des fortunes et le subit avilissement de la propriété.

» Plus de barricades, plus de coups de fusils dans les rues, plus de lutte fratricide.

» Notre champ de bataille est la maison commune; nos armes sont des bulletins de vote.

» Et le combat n'empêche ni l'industrie de mouvoir ses machines, ni les boutiques de s'ouvrir, ni les denrées de se vendre, ni les affaires d'aller leur train.

» Après la mêlée, quelques propos narquois peuvent bien frapper l'oreille des vaincus, et des nez en becs de cigognes menacer l'œil des vainqueurs; mais le surlendemain, les propos rengaînent, et les nez reprennent leur forme inoffensive. — Voyez le mien.

» Le seul cas possible d'un bouleversement serait celui où, les suffrages n'ayant pas été spontanés, la majorité de la Chambre ne représenterait pas la majorité des électeurs; il faudrait avoir la catarate pour que cette vérité ne se montrât pas aux yeux grosse comme le mont Poupet.

» En assurant la marche du progrès sans secousse, la sincérité des élections constitue le gage de la paix intérieure; mais les élections ne peuvent être sincères que si elles sont indépendantes, et leur indépendance tient à l'éloignement de toute action préfectorale.

» Voilà pourquoi les esprits qui raisonnent s'indigneront

toujours de cet appareil belliqueux, de ce déploiement *de* forces bureaucratiques dont le triste spectacle nous est donné pendant la période électorale.

» Tout s'ébranle, tout se meut, tout s'agite dans la région administrative, comme si on se trouvait en présence de l'ennemi.

» Convocation du ban et de l'arrière-ban des recrues du budget, allocutions à l'état-major et consignes au menu des employés ; reconnaissances poussées par les Préfets et les Sous-Préfets, battues de gendarmes et de gardes champêtres, feu de toute l'artillerie du journalisme inféodé : — tout cela pour enfoncer un corps de volontaires désarmés et remporter sur lui le facile triomphe d'une candidature officielle.

» Si, oublieux des enseignements de l'histoire, nos ministres tiennent tant à n'avoir que des députés selon leur cœur, que ne les nomment-ils eux-mêmes ? Le résultat sera pareil, et nous nous épargnerons le dérangement d'aller au scrutin.

» En fin de compte, payons-nous un gouvernement pour qu'il fasse ses affaires ou les nôtres ?

» Singulière interversion des rôles que le commis traitant en subordonné ses commettants ; que le fondé de pouvoir s'attribuant la tutelle de ceux dont il a reçu procuration, et les menant avec une lisière comme des marmots au bourrelet !

» Que penseriez-vous du gérant d'une fromagerie qui élèverait la prétention de faire nommer, parmi les siens, la commission avec l'assistance et sous le contrôle de laquelle il doit administrer l'établissement ? — Ou du régisseur d'un domaine qui entendrait ne soumettre qu'à des affidés la vérification de ses comptes et l'examen de sa gestion ?

» En pesant sur les élections de toute son influence, notre

gouvernement peut aboutir à ce résultat de n'avoir, pour l'éclairer, que des amis complaisants, l'admirant toujours et l'applaudissant quand même.

» Pourtant, il n'est pas infaillible notre gouvernement. Tous ceux qui l'ont précédé ont cru l'être et aucun ne l'a été : preuve que l'infaillibilité n'est pas de ce monde, — du monde temporel, s'entend.

» Et s'il se trompe, pas plus que ses devanciers il n'aime qu'on le lui dise ; il lui est agréable, au contraire, qu'on couvre ses erreurs du vernis de l'habileté.

» Le membre du Corps législatif, qui lui doit son élection, manquerait de délicatesse en ne se montrant pas reconnaissant du service rendu.

» Comment sortira-t-il de l'alternative qui lui sera faite, ou de relever les fautes de son bienfaiteur et de le désobliger, ou de fermer les yeux sur ces fautes et de méconnaître les intérêts du pays ?

» Comment dégagera-t-il sa conscience d'une situation qui le place entre le sentiment de gratitude l'entraînant d'un côté, et celui du devoir l'appelant de l'autre ?

» S'il épouse la cause d'en haut, il déserte le parti d'en bas, et s'il se prononce pour le parti d'en bas, il est infidèle à la cause d'en haut.

» Celui qui se sent assez fort pour ne devoir qu'à son propre mérite l'honneur insigne de représenter ses concitoyens, ne s'expose pas à ces luttes intérieures et garde sa liberté.

» Trop digne et trop fier pour combattre, abrité derrière un bataillon de fonctionnaires et sous le pavillon de l'omnipotence, il entre noblement dans l'arène, n'ayant pour arme que sa valeur personnelle, et pour égide que l'estime de ses concitoyens.

» Le beau mérite de vaincre, quand d'autres font les frais de la guerre et portent les coups !

» Je ne dirai rien des promesses que de maladroits amis feraient au nom de l'administration, mais évidemment à son insu, dans l'espoir de gagner des voix à la préfecture.

» Admettre ces promesses comme ayant une ombre de fondement, ce serait offenser l'autorité.

» Une subvention, un secours, la construction ou le passage d'un chemin de fer sont de droit, par conséquent obligatoires, si les besoins de la localité et la situation financière les justifient : sinon, ils seraient une faveur ; et, quand les deniers publics sont en jeu, toute faveur aurait pour contre-poids une injustice, attendu qu'on ne saurait donner aux uns sans prendre aux autres l'équivalent.

» Si j'étais le pouvoir, j'attaquerais en diffamation quiconque m'imputerait la pensée injurieuse de récompenser un vote.

» Il est vrai que si j'étais le pouvoir, je me garderais, avant tout, de m'ingérer dans les élections.

» Qu'on voulût du blanc, du bleu ou du rouge, je m'inclinerais devant le goût du souverain, qui est le peuple, et je n'aurais rien d'aussi pressé que d'assortir mon monde à sa couleur.

» — Qui souhaitez-vous pour premier ministre ? — dirais-je à l'Assemblée.

» Un pourfendeur de tous les temps et de tous les régi-
» mes : royaliste inexorable, républicain inflexible, im-
» périaliste forcené, suivant l'occurrence ? — Voici M. Gra-
» nier de Cassagnac.

» Un libéral modéré, ancien candidat officiel qui, par
» exception, nous a joué le mauvais tour de n'être pas
» constamment de notre avis et de préférer à nos bonnes
» grâces l'intérêt de ses mandants ? — M. Latour du Moulin
» est votre homme.

» Un démocrate austère ? — Prenez M. Jules Favre ; il

» peut avoir quelque talent, mais je vous le signale comme
» un mauvais coucheur.

» Mon premier ministre, chargé du choix de ses collègues, compléterait le ministère ; puis le ministère s'arran-
gerait avec la Chambre, la Chambre avec le pays, et je
n'aurais plus sur les talons cette meute importune de journalistes qui s'en irait aboyer où elle voudrait.

» Je ne demande pas un brevet d'invention pour ma
méthode, et j'avoue qu'on peut l'avoir découverte sans être
anssi fort que M. le marquis de Conégliano ; — cependant,
Louis-Philippe aurait fini ses jours aux Tuileries s'il avait
eu le bon esprit de la suivre.

» Il me semble que, pour mon début dans l'art oratoire,
je n'argumente pas trop mal, et que déjà vous devez me
trouver moins bête.
» Sur cette observation, non suivie de marques d'assen-
timents, je bois un verre d'eau pour me désenrouer et je
continue.

» Depuis dix-sept ans, les candidats de l'opposition res-
tent sur le carreau, et les candidatures agréables l'empor-
tent sur toute la ligne.
» Jamais Exécutif n'eut au Législatif une majorité plus
compacte, plus solide, plus ardente.
» La politique de l'Empire n'a pas été approuvée par la
Chambre ; elle a été acclamée.
» Un ministre soutenait-il à la tribune, qu'enrôlé jusqu'ici pour sept ans, le conscrit se trouverait mieux de l'être
désormais pour neuf ; — démontrait-il que des fers aux
pieds et des menottes aux mains n'empêchent pas la liberté
des mouvements ; — prouvait-il comme deux et deux font
treize que nos finances sont dans le meilleur état, puisque
les déficits de chaque année sont comblés par des emprunts : — nos élus applaudissaient à faire crouler la salle.

» Aucun acte, aucune parole, aucune proposition éma-
nant du règne, qui n'excitât l'enthousiasme.

» Bref, le gouvernement a taillé, tranché, imposé, emprunté, dépensé, décrété, légiféré tout à son aise ; rien ne l'a gêné dans ses entournures. — Voyons si nous avons sujet de nous en frotter les mains.

» Bien que l'Empire dût être la paix, nous avons guerroyé en Russie, en Italie, en Syrie, au Mexique, en Chine et en Cochinchine.

» Sauf peut-être au Mexique, toujours la fortune a couronné nos armes. Nous devrions plier sous le poids des dépouilles de l'ennemi et ne savoir que faire de nos richesses.

» Vous a-t-on, à vous, distribué une part du butin et votre tiroir aux écus regorge-t-il ? — C'est ce que j'ignore.

» Mais je vous jure qu'en ce qui me concerne, je n'ai pas reçu un rouge liard, et que le bas de laine où je serre mes gros sous n'a jamais été plus léger.

» Que nous ayons, comme on l'a dit, ramassé de la gloire au rateau, j'ai le caractère trop bien fait [pour n'en pas convenir.

» Mais la gloire est une monnaie qui n'a pas cours au marché, car j'ai offert de troquer ce qui m'en revenait contre un *double* de pommes de terre, et on m'a tourné le dos comme si je demandais la marchandise pour rien.

» Aux quilles, le gagnant, outre l'honneur, tire l'enjeu ; à la guerre, il ne sauve même pas sa mise. — Et nous sentons que la mise est rude quand nous acquittons nos feuilles de contribution.

» On se résignerait encore, quoique avec bien de la peine, s'il ne s'agissait que d'écus. « Plaie d'argent, dit-on, « n'est pas mortelle. » — Proverbe à revoir.

» Mais, tout précieux qu'ils soient et à si cher titre, les écus s'effacent devant ces milliers d'infortunés dont le sang rougit la terre, devant cet entassement de morts sur des mourants et de mourants sur des morts, devant ce pêle-mêle de troncs séparés de leurs membres et de membres arrachés à leurs troncs ; devant ces enfants mutilés, déchirés, éventrés, qui se tordent dans les dernières convulsions en appelant une mère ou une sœur !

» Hélas ! ni la mère ni la sœur n'entendent ! Saisies d'un affreux pressentiment, l'effroi dans l'âme et le frisson aux lèvres, elles prient dans quelque coin retiré d'une chapelle ; et celui pour qui elles demandent grâce agonise à mille lieues de là, implorant vainement leur secours.

» Pas de main aimée qui éponge ses blessures, qui soulève sa tête affaissée, qui essuie l'écume de ses lèvres qui rafraîchisse d'une goutte d'eau sa poitrine brûlante.

» Il expire sans entendre une voix connue, sans recevoir un baiser d'adieu !

» Et, dans le camp opposé, même tableau horrible, mêmes scènes navrantes, mêmes cris de douleur et de désespoir.

» Ils se sont entr'égorgés avec furie, les malheureux jeunes gens, et ils ne s'en voulaient pas, et ils ne s'étaient jamais vus, et ils ne savaient rien des motifs qui les avaient fait s'élancer comme des dogues les uns sur les autres.

» Se rencontrant une heure avant le carnage, ils auraient choqué leurs verres ; ils les auraient choqués une heure après s'ils avaient survécu.

» Debout, sonneurs ! Mettez en branle toutes les cloches, et que leurs gueules de bronze vocifèrent l'hymne de la victoire.

» Citoyens ! allumez vos lampions ; prêtres, courez à l'autel, et louez le Seigneur ! — *Te Deum laudamus.*

» Qu'importent tant de familles qui pleurent ? Libre à elles de prendre la sonnette pour un glas, les lampions

***

pour des cierges, et les notes allègres du *Te Deum* pour la psalmodie funéraire du *De profundis*.

» De nos soldats partis pour la Crimée, près de cent mille n'ont pas revu la France : cent mille hommes d'élite immolés au printemps de la vie !

» Pour défiler en votre présence, quatre de front et au pas accéléré, il faudrait à cent mille hommes cinq grandes heures.

» Vous regardez vos montres ! Alors je vous tiens quitte — et puisse M. le percepteur être aussi généreux ! — de nos expéditions en Italie, en Syrie, en Chine et en Cochinchine, pour ne vous arrêter qu'une minute sur celle du Mexique.

» Nous équipons à grands frais des navires pour envoyer une armée au delà des mers. A force d'héroïsme et d'abnégation, cette armée s'empare d'un vaste territoire ; et quand elle s'en est emparée, — superbe de galanterie et de munificence, le gouvernement français offre notre conquête à un Autrichien, dont vous et moi n'avions jamais eu ni vent ni nouvelles.

» Ne dirait-on pas — au point de vue du contribuable, bien entendu, — la fable mise en histoire de *Raton et de Bertrand :* Raton se brûlant la patte à tirer les marrons du feu pour que Bertrand les croque ?

» Je me trompe : il existe une différence entre la fable et l'histoire : l'une n'était qu'une comédie et l'autre a été un drame.

» C'est une fin lamentable que celle de Maximilien et je la déplore ; mais je ne la déplore pas autant que celle du plus simple de nos troupiers qui, n'ayant pas eu la facilité de rester chez lui, a laissé ses os là-bas.

» Si l'un de nous avait été archiduc de la Maison d'Autriche, il se serait probablement tenu pour satisfait de sa position et n'aurait pas songé à courir les aventures pour en chercher une meilleure.

» Mais, alléché par l'appât du sceptre, on se met en route un beau matin pour l'autre bout du monde, et fouette, cocher !

» On débarque chez un peuple libre qui ne vous connaît ni d'Ève ni d'Adam ; on l'amadoue, on le cajole, on lui passe la main sur le dos comme à un cheval rétif qu'on veut monter ; on lui glisse le frein avec prestesse, on l'enfourche, on serre les rênes : — et la cravache de manœuvrer.

» Mais l'animal se cabre, jette à bas son cavalier et l'assomme d'une ruade ; à qui la faute ?

» Peut-être vous figurez-vous que je vous ai l'armoyé cette complainte en guise d'intermède, à seule fin que vous oubliiez l'heure ? Non pas : il y a une morale, et la morale c'est la carte à solder ; on ne fait pas cadeau d'un empire sans qu'il en coûte.

» Oh ! une bagatelle, trois ou quatre cent millions, sans compter le pourboire.

» C'est ainsi que s'emploient nos écus, lorsque, faute de digues et d'enrochements, les rivières dévorent, à chaque crue d'eau, un lopin de vos terres et que l'inondation submerge vos récoltes ;

» Lorsque, faute de ponts sur ces rivières, vous transportez vos bestiaux, vos foins, vos gerbes, vos chars et vos personnes sur des bacs ;

» Lorsque l'agriculture a le besoin le plus urgent d'institutions de crédit ;

» Lorsque des milliers de chemins vicinaux sont en souffrance et des milliers d'autres à l'état de projet ;

» Lorsque nous avons des réseaux de voies ferrées à compléter et des lignes nouvelles à entreprendre ; des canaux à refaire, des marais à dessécher et des contrées à assainir ;

» Lorsqu'il reste à créer tant d'écoles et à construire ou réparer tant de maisons communes ;

» Lorsque des villages et des hameaux soupirent après des fontaines et un abreuvoir ;

» Lorsqu'un si grand nombre de vieillards, de veuves et d'infirmes réclament des secours ;

» Lorsque la presque totalité des communes rurales manquent de bibliothèque, de pharmacie et de médecin !

» Vous rappelez-vous l'opposition de l'Assemblée précédente ? Elle se composait de cinq membres.

» On les appelait les *cinq*, — souvent par ironie.

» Eux seuls se sont révoltés contre cette désastreuse expédition du Mexique ; eux seuls ont prévu et prédit où elle nous mènerait.

» Ils ont supplié, adjuré, protesté ; ils ont montré le gouffre entr'ouvert et crié de toute la force de leurs poumons : « Casse-cou ! » La majorité ne leur a répondu que par des exclamations et des railleries.

» On votait ; cinq bulletins opposants sortaient de l'urne, cinq seulement !

» Ils n'ont, disait le centre tout réjoui, que leur cinq voix.

» Terrible leçon pour les gouvernements s'ils s'avaient en recevoir, et pour les majorités si elles ne croyaient pas posséder la sagesse parce qu'elles ont le nombre !

» Avertissement solennel pour les partisans aveugles des candidatures du pouvoir !

» Si, pour n'avoir qu'un total, nous portons à quelque chose comme un milliard les frais de notre équipée au Mexique et de nos autres expéditions lointaines, je présume qu'il n'y aura guère à marchander.

» A propos de milliard, c'est un chiffre qui a tellement pris faveur dans les grands corps de l'Etat que je n'étais pas fâché de m'en rendre compte.

» Mais j'ai eu beau calculer sur mes doigts, calculer dans ma tête, me torturer l'esprit et le cerveau ; autant m'eût

valu chercher à comprendre la cause des gracieusetés qui
sont faites aux trois journaux du chef-lieu, avec la caisse
des feuilles hebdomadaires du département.

» A bout de science, j'ai pris le parti de recourir à un
ancien magister, qui compte 38 ans de service et touche
60 francs de pension, moins 2 fr. de papier timbré pour
frais d'encaissement ; soit : 58 francs.

» — Que signifient ces murmures ? Nous sommes déjà
ruinés par le chapitre de la guerre ; voudriez-vous que
nous le fussions encore par celui de l'instruction ?

» L'art de tuer les hommes nous coûtant, bon an mal an,
cinq cent millions, il me paraît déjà très-raisonnable que
nous en payions *vingt-trois* pour les instruire.

» D'ailleurs, sans avoir précisément de quoi bombancer,
les instituteurs auront, à l'avenir, une portion plus congrue ;
tant pis pour ceux qui sont venus au monde trop tôt.

» On peut bien donner à la loi un effet rétroactif quand
il s'agit d'augmenter le nombre des gardes mobiles ; mais
pour empêcher les vieux instituteurs de mourir de faim,
ce serait contraire à tous les principes.

» Donc notre retraité de 58 francs de pension pour
38 ans de service, prit un crayon et du papier, s'approcha
d'une table, ajusta son pince-nez, et quand il eut fini je ne
sais quelle opération diabolique :

» — Connaissez-vous, me dit-il, la grande voiture à
planches et à quatre roues de nos cultivateurs ? — Que
trop ! c'est le phaéton sur lequel mon ami Joseph me ra-
mène de Parcey quand j'y vais pêcher le goujon : le siége
est bon quand la paille est fraîche, mais les ressorts sont
durs.

» Pour transporter un milliard en argent, il faudrait
» cinq mille de ces voitures chargées à 1,000 kilos. —
Ouais !

» Et si ces voitures, traînées chacune par un cheval, se

» suivaient sans interruption comme celles du roulage, il
» y en aurait depuis Dole jusqu'à Salins : quarante kilo-
» mètres. — Miséricorde !

» Sur le chemin de fer, un milliard compléterait le char-
» gement de 625 wagons à huit mille kilogrammes l'un,
» *maximum* de la charge réglementaire.

» En or, la même somme occuperait (les fractions né-
» gligées) 322 voitures ou 40 wagons. »

» Mes yeux s'ouvrirent comme des portes de grange.

» Les vôtres marquant de la tendance à se fermer, je
rentre dans mon sujet pour en sortir au plus vite et vous
soustraire aux effets narcotiques de ma faconde.

» La France, à entendre nos ministres, aurait de la
prospérité jusque par-dessus les cheveux et serait grise de
bien-être.

» Nous gagnerions un argent fou ; nous coucherions sur
des roses ; le saucisson des montagnes du Jura et la volaille de Bresse encombreraient nos tables ; nous ne boi-
rions que du vin des meilleurs crûs de Salins, d'Arbois et
de Poligny.

» Je crois, Dieu me pardonne ! que Leurs Excellences
examinent notre situation à travers le prisme de leur trai-
tement de cent mille livres, et qu'elles jugent de ce que
nous avons par ce qu'on nous prend.

» Il y a quarante ans que les prévisions budgétaires attei-
gnaient, pour la première fois, un milliard, et on jetait les
hauts cris.
» Elles sont maintenant de deux milliards, avec quelques millions pour la bonne mesure, et non compris les
cent cinquante à deux cent millions qu'il faudra mettre au
bout.

» Le gouvernement de Juillet ne vivait pas de coquilles de noix; on n'a jamais eu à lui reprocher le moindre excès de sobriété.

» Eh bien ! d'après M. Horn, un gaillard qui débrouille nos budgets comme deux avoués embrouillent une cause :

» Si on compare l'ensemble des quinze années de 1832 à 1846 de ce gouvernement, aux quinze premières années de l'Empire, 1852–1866, on constate que l'Empire nous a fait dépenser à peu près *huit cent millions* de plus par année.

» A moins que Barême ne soit faux, huit cent millions multipliés par quinze donnent un produit de *douze milliards*.

» Douze milliards, c'est-à-dire en pièces d'argent, la charge de soixante mille voitures.

» Marchant à la file les unes des autres, ces soixante mille voitures auraient occupé :

» Toute la route de Lons-le-Saunier à Paris : 443 kilomètres;

» Et, avec la route de Lons-le-Saunier à Paris, celle de Mont-sous-Vaudrey à Dole : 18 kilomètres;

» Et avec les routes de Lons-le-Saunier à Paris et de Mont-sous-Vaudrey à Dole, celle de Dole à Orchamps : 15 kilomètres.

» Ce n'est pas tout : lorsque les routes de Lons-le-Saunier à Paris, de Mont-sous-Vaudrey à Dole et de Dole à Orchamps auraient été garnies de ces interminables rubans de voitures, il serait resté de quoi remplacer huit cent quatre-vingt-dix de nos bacs par huit cent quatre-vingt-dix ponts affranchis de tout péage et coûtant quatre-vingt-neuf millions.

C'étaient dix ponts, à cent mille francs l'un, pour chacun de nos 89 départements.

» Et il y aurait eu encore un reliquat final de onze millions à prêter aux cultivateurs laborieux qui, faute d'avance, ne peuvent élever de bestiaux ni engraisser leurs terres.

» Douze milliards en pièces d'or représentent le chargement de trois mille huit cent soixante-dix voitures ou quatre cent quatre-vingt-trois wagons.

» Si le fisc, moins glouton, nous avait laissé un seul de ces véhicules, c'est pour le coup que nous aurions pu nous offrir du jambon de Nozeroy ou des Planches, des poulets du canton de Chaumergy, et arroser le tout de Pupillin.

» — Je parle de jambons pour ceux qui les aiment, car il y a, parmi les prétendants à la candidature administrative, d'anciens représentants à la *Constituante* qui, ayant voté contre la réduction de l'impôt sur le sel, ne doivent pas adorer les viandes fumées.

» On nous a toujours vanté, dans des termes pompeux, l'état florissant de la caisse publique.

» Chaque année on nous persuadait, avec une éloquence touchante, que l'exercice courant se balancerait par un surcroît notable de recettes, et que bientôt il serait possible d'alléger nos charges.

» Moi, naïf comme un électeur qui vote pour le candidat de la préfecture, je me sentais heureux, ému, attendri ; j'aurais voulu pouvoir sauter au cou de M. le ministre et l'embrasser à la pincette.

» Mais quand j'ai vu que tout cela ressemblait à la baisse charitable du chocolat-Louit en considération des rigueurs de l'hiver, et pour faciliter aux pauvres l'accès d'un aliment substantiel ;

» Quand j'ai vu les excédants annoncés se traduire imperturbablement en d'énormes déficits, et ces déficits ne faire que croître et embellir ;

» Quand j'ai senti qu'au lieu de nous décharger un peu, **on nous chargeait plus fort ;**

» J'ai dû me dire qu'on nous traitait comme des bambins auxquels on promet tout ce qu'ils demandent pour les empêcher de piailler.

» De 1847 à 1851, selon M. Horn, nos dépenses avaient présenté un total de 7 milliards 981 millions.

» Elles se sont élevées :

» De 1852 à 1856, à 9 milliards 643 millions.

» De 1857 à 1861, à 10 millards 243 millions.

» Et de 1862 à 1866, à 11 millards 134 millions.

» C'est comme chez Nicolet.

» Il y a bien encore, sur les quinze années, un appoint insignifiant de deux millions trois cent quarante-huit mille sept cent un francs : — mais je les laisse pour la fille.

» La période quinquinnale (5 ans) 1867-1871 n'est qu'en route ; plus tard vous m'en direz des nouvelles ; comme perspective d'économie, je ne vois encore que les frais de création et d'entretien de la garde mobile, sans compter l'imprévu.

» Si large que soit le diamètre intérieur de son goulot, le robinet des impositions n'a pas fourni de quoi suffire à cette irrigation de milliards, et on a dû puiser aux sources de l'emprunt.

» On a emprunté pour la paix, on a emprunté pour la guerre, on emprunte encore, on empruntera toujours.

» De sorte que M. le marquis d'Andelarre, rapporteur de la commission des comptes, fixe la somme dont l'Empire s'est déjà endetté *à quatre milliards quatre cent quatre-vingt-deux millions cinq cent mille francs,* — pas un centime de plus.

» Si, au lieu de dire :

« L'Empire c'est la paix, »

» On avait dit, suivant une expression de la *Lanterne* :

« L'Empire c'est l'emprunt; » la prophétie se serait réalisée à la lettre.

» On devine déjà que l'emprunt de 1868 ne suffira pas à liquider le présent, — la moderne doctrine établit qu'en empruntant on liquide, — et qu'il faudra recommencer en 1871.

» Mais à mesure que s'enfle la dette, l'intérêt monte et gagne du terrain sur les revenus.
« Et les revenus, au lieu de s'employer en dépenses utiles et fécondes, servent à payer les intérêts.

» Dans les quinze premières années de l'Empire, 1852 à 1866, il a été absorbé en paiement d'intérêts *deux milliards huit cent cinq millions* de plus que dans les quinze années 1832 à 1846 de la branche cadette.

» Avec une pareille somme, quels prodiges d'amélioration n'eût-on pas accompli !

» La France a d'immenses ressources, d'accord; mais il n'existe pas de ressources qui résisteraient éternellement au système d'emprunter toujours et de ne rendre jamais.

» Le mal est devenu si grave que nos médecins politiques les plus attachés au pouvoir s'en effraient, et cherchent un remède qu'ils ne trouvent pas.

» Néanmoins, quelques docteurs de la majorité ont déjà glissé, dans le tuyau de l'oreille de la Chambre, qu'on pourrait essayer un moyen de guérison en administrant au contribuable une potion de nouvel impôt.
» Je présume que la recette sera transmise au laboratoire du Conseil d'Etat et nous arrivera l'an prochain, sous forme

d'ordonnance, visée et signée par la Faculté du Corps législatif.

» En tous cas, les adversaires de l'homœopathie peuvent se rassurer ; cette école opérant par doses *infiniment petites*, il n'est pas douteux qu'on nous fasse évacuer nos écus par un purgatif selon la formule du système opposé.

» Sans doute, de notables progrès ont été apportés dans nos voies de communication depuis quinze ou vingt ans ; mais, sans refuser au gouvernement la part de mérite qui lui en revient, on doit reconnaître que ces progrès tenaient aux exigences de l'époque, et il faut d'autant moins se les exagérer que, relativement aux autres nations, nous ne sommes qu'au cinquième rang pour le nombre de nos kilomètres en chemins de fer et lignes télégraphiques.

» D'ailleurs, sur les 34 milliards que nous a coûtés l'Empire, de 1852 à 1866, près des trois quarts se sont fondus en dépenses improductives.

» Ma foi ! à force d'en remuer à la pelle, de ces milliards. j'en suis dégoûté ; la vue de ces monceaux d'or me soulève le cœur et je n'en veux plus ; passons à quelque chose de moins nauséabond.

» — On me fait signe que la demie vient de sonner : il ne me reste plus que le quart d'heure de bienséance.

» L'Etat est mal dans ses affaires, les départements doivent, les communes sont obérées.

» L'agriculture souffre, l'industrie se plaint, le commerce est au régime ; il n'y a de valide que les faillites, — voilà en quoi se résume notre prospérité.

» La cherté inouïe des vivres réduit la petite bourgeoisie à la gêne et condamne, en quelque sorte, les journaliers au pain et à l'eau ; — tel est notre bien-être.

» Et pour fruit de la haute politique sur laquelle je me

suis engagé à garder le silence : — la guerre planant à l'horizon comme un oiseau de proie et pouvant, d'un seul bond, s'abattre sur nous.

» Si, à toutes les époques de notre histoire, la guerre n'a servi qu'à ruiner le peuple en décimant ses enfants : — que serait-elle aujourd'hui, armée d'engins exterminateurs dont la pensée remplit d'épouvante ?

» Les balles et la mitraille cribleraient nos légions avec l'intensité de la grêle quand elle tombe au plus fort de l'orage.

» Ce ne serait plus un combat, ce serait la mort déchaînée comme l'ouragan ; ce serait une pluie de feu et de soufre dévorant les hommes ; une trombe de fer et de plomb qui envelopperait, qui hacherait, qui anéantirait tout.

» On se sent frémir d'horreur à l'idée de ces cratères en fusion, dont les laves seraient de chair humaine.

» Ah ! que toutes les femmes, mères, filles ou sœurs, puisent dans les tendresses de leur âme une ardeur virile pour conjurer les événements qui précipiteraient dans cette fournaise la fleur de notre jeunesse !

» Que, par d'irrésistibles obsessions, elles vous arrachent le serment de ne voter que pour des hommes résolus à opposer au pouvoir une résistance indomptable, si quelque mauvais génie lui conseillait d'agiter encore l'étendard sanglant des batailles !

» Que veulent dire ces armements ruineux autant que formidables, cette armée de huit cent mille soldats en activité ou à la réserve, ces quatre cent mille gardes mobiles et ces contingents de cent mille conscrits !

» Si, après avoir sacrifié tant d'hommes et tant d'argent aux guerres du second Empire, il nous fallait encore tant d'argent et tant d'hommes pour tenir en échec les nations voisines prêtes à se ruer sur nous, comment aurait-on dirigé nos affaires, et quelle ne serait pas la responsabilité de ceux qui ont eu en mains le gouvernail ?

» Mais les nations voisines ne songent point à nous attaquer ; autant que nous, elles ont besoin de paix et de repos ; autant que nous, elles tiennent à la vie de leurs enfants.

» Les nations voisines demandent que nous les laissions agir chez elles, à leur gré, comme elles nous laissent agir, chez nous, suivant que nous l'entendons.

» Depuis quarante ans nous avons eu deux révolutions. Le Trésor était vide et le pouvoir mal assis, l'autorité impuissante, l'armée désorganisée : — a-t-on envahi nos frontières?

» En 1830, la France a chassé les Bourbons que, dans son épuisement, elle s'était laissé imposer par l'Europe : — l'Europe a-t-elle tenté de les rétablir ?

» En 1848, nous avons proclamé des principes qui sapaient la base des trônes : — quel souverain nous a cherché querelle?

Dans tous les cas, qu'on nous rende la liberté, et si quelque puissance, frappée de vertige, avait la folie de nous menacer, il n'y aurait qu'une phrase magique, une phrase de six mots à crayonner sur les murs.

» Et cette phrase convertirait les pavés en remparts, les cloches en canons, les enclumes en boulets, les fers de charrue en baïonnettes.

» Elle ferait de chaque maison une caserne, de chaque homme un soldat et de chaque soldat un héros.

» Elle transformerait tous les ateliers en manufactures de fusils, tous les salons en fabriques de charpie, toutes les femmes en sœurs de charité.

» Une phrase, une seule, qui se répandrait dans l'espace avec l'instantanéité du fluide électrique, et qui ébranlerait les échos pour crier aux armes, avec un accent dont l'éclat ferait vibrer le globe :

» — *Citoyens, la patrie est en danger !*

» Oui, qu'on nous rende la liberté ; elle nous gardera plus sûrement que les canons rayés, les mitrailleuses, les citadelles et les forteresses.

» La liberté, que vous ne comprenez pas encore, est aux nations ce qu'est le soleil à vos terres : la puissance créatrice et fécondante. Il en émane des rayonnements qui développent et mûrissent l'homme, de même que le soleil gonfle vos grappes et dore vos épis.

» Pour vous expliquer, comme je l'ai fait de la politique, à quel point la liberté se rattache aux plus chers intérêts des campagnes, il me faudrait toute une séance, et nous touchons à la fin de celle-ci.

» Incessamment paraîtra le décret de convocation.
» La candidature officielle va percer le nuage mystérieux qui la voile, et resplendir dans l'azur du firmament électoral.
» Quelque astre, peut-être, dont l'éclat ignoré se dérobait aux regards de la foule, et que l'observatoire de Lons-le-Saunier aura découvert dans les régions de l'inconnu.

Bien que, cette fois, il s'agisse d'attaquer un Hercule, l'Administration persiste à vouloir se jeter dans la lutte.
» Trois ou quatre cavaliers, dit-on, se disputent la main de la princesse et sollicitent la faveur de combattre pour ses beaux yeux.

» Quand on est armé de pied en cap et soutenu par des troupes aguerries, on peut toujours, fût-on pygmée, s'essayer contre un adversaire, fût-il géant, qui n'a ni escorte, ni épée, ni bouclier.

» Aussi la dame, qui est impérieuse et hautaine, choisira-t-elle entre ses adorateurs non pas le plus vaillant, mais le plus docile et le plus soumis.
» Peu lui importerait même qu'il eût d'abord glosé sur ses charmes et affiché d'autres passions : exempte de pruderie, elle tient moins à la fidélité qu'à l'obéissance.

» Voulez-vous que je m'exprime plus clairement ?

» L'épouseur sera un mari jocrisse ; sa femme portera les culottes et lui fera faire la cuisine.

» Je vous réponds qu'il ne s'exposera pas à être grondé pour ménager le beurre dans les sauces.

» Ne vous apitoyez-vous pas sur le sort de ces trois malheureux trompettes : le *Courrier du Jura*, le *Journal du Jura* et la *Sentinelle du Jura* qu'on a mis de corvée pour sonner, trois semaines durant, avec des variantes, la fanfare de commande en l'honneur du futur?

» Quand ils auront exécuté, avec plus ou moins de fausses notes, le grand morceau classique :

» *Dévoué à la dynastie, au progrès pacifique, à l'ordre dans la liberté, etc., etc.,* » que restera-t-il au répertoire ?

» Dans une semblable pénurie, la *Sentinelle* n'avisera-t-elle pas à quelque moyen de satisfaire le public ?

» Si elle voulait nous bisser cet air d'autrefois :

» Les élections sont terminées dans le Jura. Tous les
» gens de bien, tous les vrais amis de la fraternité, sous la
» bannière de laquelle nous marchons tous, n'auront qu'à
» s'applaudir du résultat général qu'elles ont obtenu.
» En tête de la liste de nos représentants marche, escorté
» de 65 mille 150 suffrages, notre compatriote, M. Jules
» Grévy, commissaire du gouvernement provisoire. Le
» Jura devait cette preuve de reconnaissance et d'estime à
» l'honorable citoyen qui, revêtu de pouvoirs illimités,
» n'en a fait usage que pour maintenir parmi nous la li-
» berté, l'ordre et la paix. On nous dit, et la chose ne nous
» paraît pas impossible, quoique nous ne la donnions
» point pour certaine, que deux fois il a été dénoncé comme
» coupable de modérantisme; malgré cela il n'a changé
» ni de manière de voir, ni de façon d'agir. Venu chez
» nous avec quelques préventions peut-être, assailli dès le
» soir même de son arrivée par un petit nombre d'hommes
» aux convictions fortes et loyales, nous n'en doutons nul-
» lement, mais qui entendaient tirer d'un principe des
» conséquences qu'il ne contient pas, il n'a pas tardé à re-
» connaître, à apprécier l'excellent esprit qui régnait dans
» notre département, et à fermer l'oreille aux suggestions

» des exagérés qui croyaient trouver en lui un apôtre de
» leurs doctrines et un propagateur de leurs idées. Il a sage-
» ment laissé les partis se débattre entre eux, en veillant,
» toutefois, à ce que leurs démêlés ne causassent aucun
» trouble dans les localités confiées à son administration
» temporaire, et il est résulté de cette conduite pleine d'au-
» tant de patriotisme que de prudence, que la tranquillité
» n'a pas été troublée un instant chez nous. »

(Sentinelle du Jura, n° 52, 2 mai 1848.)

» Si la *Sentinelle* voulait nous jouer encore ce vieux motif, sans même en supprimer le passage des dénonciations
contre M. Jules Grévy pour excès de modérantisme, —
chacun a son faible, — je prendrais sur moi de garantir à
l'honorable artiste un succès considérable et des applaudis-
sements unanimes.

» Parlons sérieusement.

» Tout jeune alors, M. Grévy n'était connu qu'en sa qua-
lité de commissaire du gouvernement. Il n'avait pas encore
fait preuve à la tribune d'une remarquable supériorité
dans l'art sublime de la parole. Il n'avait pas encore déployé
cette haute science des affaires publiques, cette raison pro-
fonde et divinatrice, cet esprit lumineux et transcendant,
ce mérite vaste et solide, cette rare austérité de caractère
qui l'ont placé au premier rang de nos sommités politiques.

» Il n'avait pas encore été nommé par ses collègues vice-
président de la *Constituante*, celle des assemblées de notre
siècle qui a réuni le plus d'illustrations.

» La *Sentinelle* est dirigée par un industriel intègre,
loyal, éclairé.

» Elle sait que notre candidat est une nature d'élite, une
intelligence hors ligne, un jurisconsulte éminent dont s'ho-
nore la Franche-Comté, un citoyen de mœurs patriarchales
et de probité antique, ennemi des révolutions autant
qu'ami de la liberté et du progrès; — elle sait ce que nous
voulons et ce qu'on veut ailleurs; — elle sait que nous n'a-

vons pas un organe, et que, dans ce litige entre l'administration et nous, l'administration seule a la parole :

» Un beau mouvement ne la poussera-t-elle pas à secouer un instant le joug que lui rend par trop dur cette consigne de prendre parti pour la médiocrité contre la grandeur, pour la souplesse contre la fermeté, pour la subordination contre l'indépendance ; — et ne laissera-t-elle pas échapper le cri de révolte qui lui monte du cœur aux lèvres ?

» M. Jules Grévy est un candidat *idéal*, écrivait, il y a quelques jours, l'un des journalistes de Paris les plus autorisés.

» Savez-vous, mes chers coélecteurs, ce que signifie le mot « idéal »?

» Il signifie le noble, le beau, le juste, l'honnête, — aussi noble, aussi beau, aussi juste, aussi honnête qu'il soit possible d'en concevoir la pensée.

» L'idéal, c'est le rêve, accompli, du parfait.

» Et l'apparition de cette étoile ne fait pas rentrer les chandelles enfumées dans leur lanterne sourde !

» Qu'on ait de l'ambition sans être de trempe à en avoir, et qu'on se mesure avec des adversaires de sa taille : à cela il n'y a rien à dire.

» Mais qu'on imite la grenouille, s'évertuant à se faire aussi grosse que le bœuf;

» Qu'on ne soit que mirmidon et qu'on tranche de l'Achille;

» Qu'on ose affronter un homme dont il a suffi de prononcer le nom pour qu'une population, ensevelie dans un sommeil de dix-sept ans, se réveillât en sursaut;

» Qu'on ne recule pas devant une candidature acclamée avec transport par les premiers publicistes de la capitale, saluée avec bonheur par toute la province, et dont le sort tient l'Empire suspendu comme dans l'attente d'un événement public ;

» Qu'on ne sente pas que, dans le triomphe, on serait plus à plaindre encore que dans la défaite ; que chaque regard de ses concitoyens reprocherait au vainqueur d'avoir servi d'instrument à la préfecture pour écarter de la haute assemblée, où s'élaborent nos lois, une des plus vives lumières de la France :

» C'est à laisser croire que la convoitise des honneurs porte le trouble dans les cerveaux.

» Court a été mon *exorde*, courte sera ma *péroraison*. — Ce sont deux termes d'orateur que j'ai appris pour produire de l'effet ; ils veulent dire le commencement et la fin.

» Les bâtons, gros comme des bûches, qu'on a mis dans les roues de la liberté ; — la nouvelle loi sur les conseils municipaux qui resserrent encore les liens de la tutelle imposée aux communes ; — l'augmentation des frais de justice, déjà si lourds, par le surenchérissement du papier timbré ; — les traitements cumulés qui s'élèvent à des chiffres scandaleux, lorsque la magistrature est rétribuée avec parcimonie, et que d'autres fonctionnaires méritants ont à peine de quoi vivre ; — les emprunts énormes qui nous accablent de charges écrasantes et vont nécessiter de nouveaux impôts ; — les guerres de fantaisie où se fondent nos hommes et nos écus ; — la loi de recrutement qui enchaîne, pour neuf ans au lieu de sept, les conscrits tombés au sort, et qui enlace les autres dans le réseau de la garde mobile ; — les forts contingents qui diminuent le nombre des bons numéros :

» Toute cette politique, œuvre de nos députés issus des candidatures préfectorales, est approuvée pleinement, entièrement, sans réserve, par ceux qui briguent vos suffrages sous les auspices de l'administration.

» Ma conclusion est celle-ci :

» Guerre implacable, guerre à outrance, guerre sans trève ni répit aux candidatures officielles.

» Pour tout le reste : Salut, paix. . . — Qu'y a-t-il donc ?

.   .   .   .

» Messieurs, une dépêche m'annonce que M. Jules Grévy vient d'être élu bâtonnier de l'ordre des avocats de Paris !

» *Courrier du Jura*, *Journal du Jura*, *Sentinelle du Jura*, triple porte-voix embouché par M. le Préfet, expédiez, dans chaque village, un nouveau ballot de vos tartines écœurantes démontrant que M. Jules Grévy est un *révolutionnaire*.

» Et vous, M. Nau-de-Beauregard, hissez votre candidat *Tom pouce* sur des échasses de cent mètres de hauteur ; il aura du moins l'air d'aller aux talons de son concurrent.

» J'avais laborieusement composé cette harangue pour les élections générales ; retenez-la dans votre mémoire ; elle vous servira encore avant un an.

» Salut, paix, conciliation et fraternité.

» G. T. »

Besançon. — Imp. de J. Roblot.

www.ingramcontent.com/pod-product-compliance
Lightning Source LLC
Chambersburg PA
CBHW051748050726

47598CB00003B/1388